LE PETIT AIGLE ET L'ENFANT

Nous remercions le Conseil des Arts du Canada ainsi que la Société de développement des entreprises culturelles du Québec (SODEC) pour l'aide accordée à notre programme de publication. Nous reconnaissons l'aide financière du gouvernement du Canada par l'entremise du Programme d'aide au développement de l'industrie de l'édition (PADIE) pour nos activités d'édition.

Le Loup de Gouttière
347, rue Saint-Paul
Québec (Québec)
G1K 3X1
Téléphone : (418) 694-2224
Télécopieur : (418) 694-2225
Courriel : loupgout@videotron.ca

Dépôt légal, 4ᵉ trimestre 2004
Bibliothèque nationale du Québec
Bibliothèque nationale du Canada
ISBN 2-89529-099-7
Imprimé au Québec

Johanne Laframboise

Le petit aigle et l'enfant

ROMAN

Illustrations Jacques Newashish

Les loups rouges
Le Loup de Gouttière

À Suzanne qui m'a dit :
« Écris pour te connaître. »

À Sylvie Nicolas
qui a dirigé mes pas,
suscité l'envol.

Prenez le meilleur des traditions indiennes et gardez-les toujours avec vous, car elles ont fait leurs preuves durant des milliers d'années. Ne les laissez pas mourir.

Archie Fire Lame Deer
Homme-médecine Lakota

LA NAISSANCE D'ATONDI

Le jour se lève à peine. Le soleil jette ses rayons rouges et ocre sur les rochers. Les fleurs s'épanouissent et ouvrent leurs pétales comme pour saluer la nature qui s'éveille doucement. Les marmottes sortent de leur abri. Les grenouilles coassent et sautillent. Les fourmis transportent sur leur dos de petites brindilles. La pluie de la veille a laissé dans l'air des odeurs de cèdre qui se mêlent à la moiteur des fougères. Tout n'est que quiétude et apaisement.

Là-haut, sur la falaise, une mère aigle et un père aigle, perchés sur un nid au sommet d'un grand arbre desséché, entourent de leur amour leur nourrisson qui tente de briser sa coquille. L'aiglon pousse courageusement de toutes ses forces. Il se demande s'il arrivera à briser les parois de sa douillette prison. Il est un peu inquiet. Il a si hâte de voir Mère et Père. Il a si hâte de découvrir le monde mystérieux qui l'attend.

Soudain, après mille et une poussées : Hich ! Crack ! Il réussit à faire une craquelure dans sa coquille. Il voit à l'extérieur un œil qui le regarde. Aussi redouble-t-il d'efforts. Hich ! Crack ! Tap ! Hich ! Crack ! Tap ! Dans un bruit qui semble ne pas vouloir s'arrêter, la coquille cède enfin et le voilà libéré.

Aveuglé par le soleil, il cligne des yeux. Et heureux comme s'il venait d'ouvrir les portes d'un palais aux trésors, il aperçoit ses parents. Il se colle aussitôt contre leurs ailes enveloppantes.

L'aiglon tacheté est nommé Atondi, lequel, en langue wendate, signifie *naître*.

Après avoir dormi et fait quelques rêves remplis de nuages ouatés dans un grand ciel bleu, le petit Atondi s'éveille et s'émerveille de la beauté qui l'entoure : les grands arbres accrochés au roc tels des gardiens bienveillants, la brillante rosée qui finit de sécher sur les herbes dansantes.

Mais surtout Atondi s'émerveille de la magnifique chute Kabir Kouba. La Kabir Kouba qui coule face à la falaise.

La Kabir Kouba dont le bruit fracassant comme le tonnerre emplit ses oreilles. Il voit ses parents à la tête toute blanche qui l'ont laissé seul quelques instants et qui battent des ailes au-dessus de la chute. Ils sont si majestueux, ces aigles qui aiment planer si haut, si haut qu'ils semblent toucher le soleil !

Atondi veut être grand. Il veut voler tout comme eux. Il s'imagine étendant ses ailes gracieuses de chaque côté de son corps, parcourant l'horizon. Mais très vite ses parents reviennent partager avec lui le nid fait de branchages.

Atondi sait d'instinct qu'il lui faudra attendre environ deux lunes avant de faire battre ses ailes autour du nid protecteur. Il devra être patient.

Son petit corps doit devenir fort avant de s'élancer dans les airs.

Détendu, il observe autour de lui. Des gens, en bas, s'assoient sur les rochers pour admirer la chute et goûter la fraîcheur de l'eau.

Atondi se sent en sécurité, car le nid dans lequel il se repose est inaccessible à cause de la falaise escarpée.

LE CHEMIN ROUGE

Un jeune garçon attire l'attention d'Atondi.

Le gamin est seul et semble s'amuser à faire des dessins dans l'air avec ses mains. Atondi aimerait bien l'approcher, mais comment faire ? Il est trop loin du haut de son nid. L'aiglon lance un petit cri perçant. Peine perdue, le petit garçon ne le regarde pas.

L'enfant se prénomme Atsi. Il est très fier de son nom qui signifie *ami*. Une solitude lourde comme un épais livre d'images pèse toutefois dans le cœur d'Atsi. Comment peut-on s'appeler *ami* et ne pas avoir de compagnons pour jouer ?

C'est pourquoi l'enfant vient tous les jours s'asseoir tout près de la Kabir Kouba. Il s'amuse à lancer des cailloux et se laisse envelopper par le vacarme de l'eau qui descend de la chute.

Atsi trouve que la Kabir Kouba a un pouvoir de chaman, un pouvoir de guérisseur. La chute dissout toujours la petite boule qui tourne en spirale dans son cœur et qui lui fait si mal lorsqu'elle s'échappe en cascades de larmes de ses yeux. Oui, la Kabir Kouba a un pouvoir de chaman, capable de guérir l'esprit, l'âme et le corps. Comment pourrait-il en être autrement ? Ne lui rend-t-elle pas le sourire et la joie comme par magie ?

La chute semble lui raconter des légendes. Des légendes qui parlent

toujours d'un petit garçon qui se ferait un ami et qui ne serait plus seul.

Atsi est différent des garçons de son âge qui se chamaillent, se jouent de mauvais tours et se disent des méchancetés. Il préfère plutôt le calme de la nature : grimper dans les arbres, courir dans la rosée du matin, cueillir des herbes médicinales, caresser les petites tortues, imiter le cri de l'écureuil.

Atsi pourrait passer des heures à cet endroit, des heures à marcher le long du sentier de la rivière.

Atsi rêve. Il pense à son père, un Amérindien très spirituel, porteur du calumet sacré. L'enfant comprend maintenant l'importance de la cérémonie du calumet. Lorsque les grands fument le calumet sacré, c'est comme si des liens se tissaient entre eux.

Ensemble, unis dans le respect de leurs traditions et de leur culture, les grands en viennent à former un grand cercle. Un cercle fait d'amour et de partage. Atsi voudrait suivre l'exemple de son père et plus tard être lui aussi porteur de calumet. Mais il se sent si petit avec ses neuf ans.

– La spiritualité amérindienne est avant tout un chemin de vie. Un chemin que j'aime à appeler le Chemin Rouge, lui a dit son père.

Il avait ajouté d'une voix grave :

– Suivre le Chemin Rouge est parfois difficile, car ce sentier, parcouru déjà par tes grands-parents et tes arrière-grands-parents, est une voie qui demande beaucoup de sagesse.

Atsi réfléchit à tout cela, mais les bruits de la nature l'interpellent.

LES ENSEIGNEMENTS

Hi ! Hi ! Hi ! Atsi entend un son perçant. On dirait le cri d'un aigle. Ce cri lui est familier, car son père lui a appris à le reconnaître : l'aigle, en effet, est un prédateur très important pour les Amérindiens. L'enfant se rappelle les mots qu'on lui a enseignés : « Avoir une plume d'aigle est un grand honneur. Avoir une plume d'aigle est la porte d'entrée vers le Chemin Rouge. Avoir une plume d'aigle est un engagement. L'engagement que l'on prend de vivre selon les coutumes des

Ancêtres tout en établissant un lien profond avec la Terre Mère et le Créateur. »

Atsi désire de tout son cœur choisir la voie de ses Ancêtres. Il se dit toutefois : « Si je m'engage dans cette voie, ma vie ne sera plus jamais la même. Je serai amené à être encore plus différent des autres. Très peu de jeunes suivent le Chemin Rouge. Beaucoup le considèrent comme peu important. »

Le Chemin Rouge, c'est aussi, pour Atsi, pouvoir un jour participer au rituel de la tente de sudation : un rituel de guérison très spirituel qui s'apparente au sauna. Comme la tente de sudation est faite d'une structure de forme arrondie, son père lui a dit :

– Entrer dans la tente de sudation, Atsi, c'est comme entrer une nouvelle fois dans le ventre de ta mère.

Pour chacun des participants assis en cercle à l'intérieur de la tente, il fait très chaud. Oui, Atsi, le sait. Il fait très chaud lorsque son père lance de l'eau sur les pierres brûlantes déposées dans le trou central.

Il sait aussi qu'il y fait très noir.

Mais Atsi n'aura pas peur lorsqu'il pourra enfin participer au rituel. Il est sûr que son père lui prendra la main. Sûr que son père le rassurera. Sûr que son père lui dira encore et encore :

– Atsi, sois calme. La vapeur d'eau te permettra de purifier à la fois ton corps, ta tête et ton cœur.

Un soir de pleine lune, alors que son père sortait tout juste d'une tente de sudation, Atsi avait demandé :

– Père, veux-tu me parler de mon animal-totem ? Père, veux-tu me parler de l'aigle à tête blanche ?

Le père avait longuement expliqué à l'enfant :

– L'aigle à tête blanche a les mêmes qualités que toi. Il est ton animal-totem. Il est ton animal de pouvoir. L'aigle est l'oiseau qui vole le plus haut et peut voir le plus loin. Chez nous, dans l'esprit des Ancêtres, dans notre nation, il est considéré comme le symbole de l'Esprit. Comprends bien, Atsi, ce qu'est l'Esprit. L'Esprit, c'est la force d'Amour qui est en chaque chose et qui est aussi dans la caverne de ton cœur. La plus grande leçon que t'enseignera ton animal-totem est le juste équilibre dans ta vie. Équilibre entre le silence et la parole. Équilibre entre ce que tu reçois et ce que tu donnes. Équilibre. Équilibre. Équilibre en tout.

Sur le bord de la Kabir Kouba, Atsi aime à penser aux enseignements reçus de son père sur le Chemin Rouge et sur son animal-totem. Mais il pense tout autant aux autres garçons. Sa peur d'être rejeté par eux semble vouloir grandir en lui. Grandir tel un ballon d'hélium qui voudrait éclater.

Le son perçant se fait de nouveau entendre.

Atsi cherche du regard d'où vient le bruit qui semble venir de la falaise. Il aperçoit le grand nid en haut de l'arbre desséché. Il y voit deux aigles qui s'y reposent avec, à leurs côtés, un petit aiglon qui piaille de toutes ses forces.

Atsi est heureux. Des aigles si près de la Kabir Kouba! Comment ne les avait-il pas vus auparavant?

S'ABANDONNER

Atondi, qui avait crié de plus belle pour attirer l'attention d'Atsi, se calme enfin. Il voit l'enfant qui le regarde et il sait qu'ensemble, ils n'auront pas besoin de mots pour communiquer leur amitié naissante.

Deux jours de beau temps, trois bonnes pluies. Le petit aigle et l'enfant se voient quotidiennement. De toutes petites cordes que l'œil perçoit à peine se tissent au fil du temps. Chacun veut mieux se connaître et s'apprécier. Chacun grandit un peu plus à l'intérieur.

Atondi, déjà âgé de quelques semaines, doit maintenant penser à apprendre les techniques du vol. Cela semble facile pour ses parents d'étendre leurs ailes et de planer avec souplesse, mais pour le jeune aiglon, cela paraît plutôt difficile.

Son papa et sa maman, patients, lui expliquent qu'avant de s'envoler très loin, il doit avoir confiance en lui :

– Tu dois savoir t'abandonner à l'air qui te portera, c'est là le secret, lui dit l'un.

– Tu dois lâcher prise et surtout ne laisse pas la peur gagner tes ailes qui aussitôt deviendraient de plomb, lui dit l'autre.

Atondi, attentif aux enseignements de ses parents, se met à battre des ailes autour du nid. Qu'il semble long

le moment où il pourra prendre son envol, planer au-dessus de la chute et aller le plus près possible d'Atsi !

Regarder Atsi au loin lui fait prendre courage. Atondi écoute bien ses parents lui prodiguer conseil après conseil. Il sait maintenant qu'il ne suffit pas d'apprendre à voler. Il devra aussi apprendre à trouver lui-même sa nourriture afin d'être autonome. Aussi voit-il quelquefois son père, quelquefois sa mère aller quérir leur nourriture au loin, dans quelque endroit inconnu d'Atondi.

C'est si bon de manger du poisson, des oiseaux aquatiques, des petits mammifères !

L'aiglon imagine encore et encore quelle sera sa vie quand il pourra embrasser le ciel de ses ailes robustes.

Il imagine les paysages qu'il survolera : les lacs, les montagnes, les vallées. Le monde lui semble tellement magnifique !

Père Aigle, Mère Aigle, chaque fois qu'ils reviennent au nid, lui parlent d'aventure et de liberté, d'espace et de beauté. Chaque fois, chaque fois, ils cherchent à faire naître en ses ailes la soif intense de l'envol.

Ils n'ont de cesse de transmettre à Atondi la grâce et la noblesse.

L'aiglon intensifie son apprentissage. Car, pour Atondi, la grâce, la noblesse, c'est planer entre ciel et terre. Être porté par le seul souffle du vent.

– Dans la longue lignée des Aigles, lui avoue tendrement Père Aigle, c'est ce que nous appelons l'essence de ton être.

MAÎTRE DU CIEL

Atsi regarde Atondi faire son apprentissage. Il se voit un peu comme l'aiglon. Il se demande lui aussi comment prendre son envol. Atsi sait qu'il a encore tout son temps avant de devenir grand, mais il sait que cela se prépare petit à petit, dans la profondeur du cœur. Une fleur ne doit-elle pas ouvrir un à un ses pétales pour donner son parfum au monde ?

Le gamin fait silence en lui-même, il sait que c'est la seule façon de communier avec la nature, de la

laisser lui parler. « Car la nature parle »,
lui a tant de fois répété son père. Il
ferme les yeux et goûte pleinement la
sensation du vent sur sa peau. Il se
sent si bien qu'il en oublie un peu sa
peur d'être différent des autres
garçons. « Que c'est merveilleux d'être
un enfant ! se dit-il pensif, d'imaginer
toutes les possibilités devant soi, de se
laisser bercer par la Kabir Kouba… »

Il se lève et marche le long de la
rivière.

Atsi n'a que neuf ans, mais il sait
qu'il est plus grand dans sa tête. Son
père, sa mère, lui ont appris que la
nature est un cadeau d'une valeur
inestimable et qu'il faut l'approcher
avec respect et amour. Les Amérindiens ne nomment-ils pas cette beauté
qui les entoure la *Terre Mère* ? C'est

pourquoi l'enfant approche les fleurs, les oiseaux avec délicatesse. Cette même délicatesse que lui prodiguent ses parents depuis qu'il est tout petit.

Atsi revient vers la chute. Le glissement de l'eau contre les rochers se mêlent aux Hi! Hi! de l'aiglon.

Les yeux d'Atsi et d'Atondi se croisent. L'enfant trouve que le regard du petit aigle est un feu paisible. Un feu près duquel il est bon de s'attarder.

– Bonjour, Petit Aigle.

– Hi! Hi! Hi! lui répond l'aiglon de son cri aigu.

– Tu voles de mieux en mieux.

– J'apprends vite, mes parents sont de bons professeurs.

– Moi aussi, mes parents m'apprennent beaucoup. Père surtout. Je

l'admire tant! Petit Aigle, Petit Aigle, dis-moi, te sens-tu seul quelquefois?

– Hi! Hi! Je ne suis pas seul. Hi! Hi! Je suis avec mes parents!

– Moi aussi, je suis avec mes parents. Je les aime énormément. Mais je n'ai pas d'amis. Comprends-tu, Petit Aigle, je me sens si seul!

– Je saisis bien ce dont tu me parles. Père m'a dit : « Atondi, aucun oiseau ne volera aussi haut que toi. Être un aigle, c'est accepter d'être seul. »

– Ainsi, quand tu seras tout seul là-haut, toi aussi, tu vas te sentir abandonné.

– Oh! Atsi! Je crois qu'il n'y aura pas de plus belle solitude. Père m'a très vite rassuré, me disant : « Fils, tu planeras vers le soleil. Oui, très bientôt tu planeras. Être seul, voilà le prix à payer pour être maître du ciel. »

– Wow ! Maître du ciel !

– Oui, Atsi, maître du ciel. J'ai hâte de planer. De toucher le soleil. Mais, Atsi, combien j'ai peur de m'envoler.

J'AI PEUR

Atsi et Atondi restent un moment silencieux. L'un et l'autre cherchent les mots qui réconfortent. Des mots semblables au baiser d'une maman sur une blessure. Des mots semblables à la caresse d'une main dans les cheveux. Des mots qui diraient toute la chaleur, toute la tendresse.

– Je ne savais pas qu'un aigle pouvait avoir peur, tout comme j'ai peur, dit Atsi à l'aiglon.

– Lorsque je vole près du nid, je me sens rassuré, mes parents me protègent.

Mais lorsque je planerai au loin, je pourrai tomber du haut du ciel. Lorsque je planerai au loin, je pourrai perdre mon chemin. Lorsque je planerai au loin, je serai peut-être incapable de trouver de la nourriture. Comprends-tu, Atsi, pourquoi j'ai peur ?

– Oui, je comprends, Petit Aigle. Je comprends.

– Toi aussi, tu as peur, Atsi. Pourrais-je t'aider ? Parle-moi de ta peur.

– Ho ! Petit Aigle, dit Atsi d'une voix tremblotante, j'ai peur d'être différent. Mais en même temps je suis attiré par les coutumes de mes Ancêtres.

La gorge serrée, Atsi poursuit.

– Je te regarde depuis quelques lunes, Petit Aigle, toi qui es de la lignée des Aigles à tête blanche.

– Oui, je suis de la lignée des Aigles à tête blanche, dit Atondi en l'interrompant. Et alors ?

– L'aigle à tête blanche est mon animal-totem, mon animal de pouvoir. Je suis sûr que tu peux me montrer ce pouvoir, Petit Aigle. Le pouvoir de m'accepter tel que je suis. Le pouvoir de croire en moi-même. Le pouvoir de réaliser mon rêve.

– Et quel est ce rêve, Atsi ?

– Suivre le Chemin Rouge, Petit Aigle. Suivre le Chemin Rouge, tout comme mon père.

Atondi comprend le désarroi de l'enfant, mais ne sait pas comment il pourrait l'aider. Pour combler l'impuissance qui naît en lui-même, l'aiglon s'éloigne un peu plus du nid.

– Vas-y, lui dit Atsi. Tu en es capable. Vole !

Atondi, un peu craintif, tente de voler vers l'enfant. Il voudrait tant voler au-dessus d'Atsi. Mais à mi-chemin, il manque de courage et retourne vite se mettre à l'abri dans le nid.

– Ne t'en fais pas, Petit Aigle, tu vas y arriver.

Atsi quitte l'aiglon qui a sommeil.

CE QUE LES ANCÊTRES ONT NOMMÉ

Le lendemain, Atsi arrive très tôt près de la Kabir Kouba. Il se couche sur les rochers, en attendant que l'aiglon se décide à sortir de son nid.

Tel un cristal, le soleil scintille dans le ciel. Atsi ferme les yeux. La lumière perce à travers ses paupières en de drôles de petits points multicolores.

– Hi! Hi! Atsi. Hi! Hi! Atsi, fait l'aiglon qui voudrait reprendre la conversation de la veille.

L'enfant ouvre vite les yeux.

– Oui, Petit Aigle. Oui, lui répond-t-il avec un grand sourire.

– Atsi, parle encore du Chemin Rouge.

– Père dit que c'est le plus beau chemin. Suivre le Chemin Rouge, Petit Aigle, c'est être explorateur. Non pas pour découvrir des frontières extérieures. Non. Mais pour découvrir des frontières à l'intérieur de soi-même.

– C'est un peu compliqué, tu ne trouves pas ?

– Un peu, mais c'est ainsi qu'on apprend à se connaître. Et moi, j'ai le goût de me connaître, dit l'enfant pensif. J'ai le goût de connaître la force de Vie qui m'habite. Père nomme cela les *ressources intérieures*. « C'est là ton vrai pouvoir, a insisté très fort mon

père. Ce pouvoir, c'est ce que les Ancêtres ont appelé *médecine* ».

– Médecine ?

– Oui, médecine. Oh ! Petit Aigle ! s'exclame Atsi. Je veux suivre le Chemin Rouge. Je veux comprendre tous ces mots compliqués. Ces mots plantés dans ma tête comme de petites graines.

À cet instant, Atondi décide de sortir de son nid. Et, comme pour applaudir les paroles d'Atsi, il se met à battre des ailes.

– Vas-y ! crie l'enfant pour encourager l'aiglon à voler.

Atondi bat des ailes un peu plus vite.

– Vas-y ! Vas-y !

L'aiglon bat des ailes de plus en plus vite. Puis de plus en plus, de plus en plus vite.

LA PLUME D'AIGLE

– **P**etit Aigle, vas-y! hurle Atsi, tout excité. Vas-y, tu en es capable! Vole!

Atondi s'arme de courage. Il comprend de tout son être qu'il est capable d'y arriver. En un ultime effort, il s'élance. Une force semble avoir envahi son être. Il vole enfin en faisant de grands cercles au-dessus d'Atsi.

– Tu l'as eu, Petit Aigle! Tu l'as eu! lui dit l'enfant en tournant sur lui-même comme une toupie.

– Je reviens tout de suite, Atsi.
Attends-moi, je reviens.

À grands coups d'ailes, Atondi
s'éloigne vers la montagne. Il plane. Il
plane avec grâce. Il plane avec noblesse.

L'aiglon robuste et fier semble
vouloir montrer et dire à Atsi de ne
plus avoir peur.

Atsi accepte à cet instant même
d'être différent.

Le gamin sent son cœur se gonfler,
comme s'il voulait prendre toute la
place dans son corps. Atsi se met à
pleurer, non pas parce qu'il a de la
peine, mais parce qu'il ne s'est jamais
senti aussi heureux. Il se met à courir !
Courir ! Jamais il n'avait couru ainsi.
Une explosion de joie l'envahit tout
entier. Il sait qu'il ne sera plus jamais

le même. Il sait que lui aussi a maintenant des ailes, tout comme l'aiglon.

Atsi revient vers la chute et voit Atondi voler vers lui. L'aiglon a les ailes illuminées par le soleil.

Atondi survole la Kabir Kouba en faisant une nouvelle fois de longs cercles au-dessus d'Atsi.

Alors, en un ultime présent, une plume tachetée tombe des longues ailes d'Atondi. La plume virevolte et glisse doucement, tout doucement.

Atsi, émerveillé par les prouesses de l'aiglon, voit la plume qui n'en finit plus de descendre vers lui. La plume frôle sa tête et tombe à ses pieds. L'enfant la ramasse avec une émotion vive, car il sait que ce présent est quelque chose de très précieux.

Dans son âme, dans son cœur, Atsi le sait. Son voyage vers le Chemin Rouge vient de commencer...

TABLE

L'AUTEURE

 JOHANNE LAFRAMBOISE est diplômée en littérature de l'Université Laval, où elle a obtenu une maîtrise en création littéraire. Elle est membre du Cercle d'écriture de Wendake et se consacre désormais entièrement à l'écriture.

Wendate par alliance, cette Québécoise d'origine a adopté la culture et la philosophie amérindiennes. Ses écrits sont imprégnés de l'imaginaire et des valeurs des Premières Nations. *Le petit aigle et l'enfant* est son premier roman jeunesse.

L'ILLUSTRATEUR

JACQUES NEWASHISH est un artiste attikamek bien connu qui a souvent exposé au Québec, en France et au Mexique. Il a illustré plusieurs livres pour enfants.

Cet artiste est aussi animateur et joueur de tambour. Il chante dans sa langue les beautés de son territoire et la magie de ses rêves.

Collection
Les loups rouges

🐺 6 ans et plus

🐺 🐺 7 ans et plus

🐺 🐺 🐺 9 ans et plus

Loup 🐺 + 10 ans et plus

Achevé d'imprimer
en novembre 2004 sur les presses
de AGMV Marquis, imprimeur inc.
membre du Groupe Scabrini.